Schlittschuh-
schritt

Ausbau der
Fersenbremse

A-Haltung
(gegrätschte
Grundhaltung)

Gleichgewicht
wiederfinden

Parallelbogen

Fersenbremsen

Absichten
mitteilen

Einen Zweig
überqueren

LUST AUF INLINE SKATING

CHRIS EDWARDS

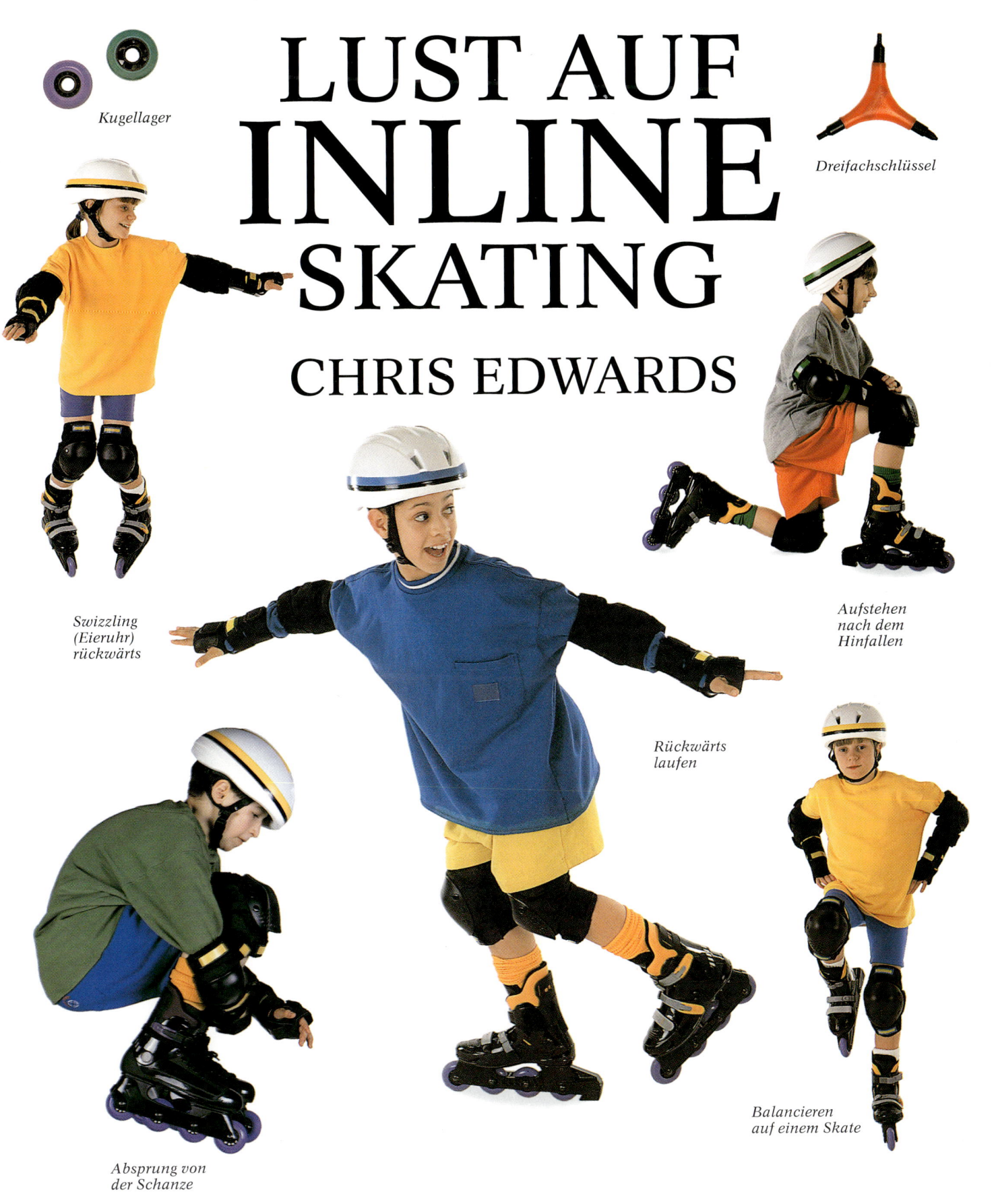

Kugellager

Dreifachschlüssel

Swizzling (Eieruhr) rückwärts

Aufstehen nach dem Hinfallen

Rückwärts laufen

Absprung von der Schanze

Balancieren auf einem Skate

Pietsch Verlag Stuttgart

EIN DORLING KINDERSLEY BUCH

Originaltitel: **The Young Inline Skater**
Copyright © 1996 by Dorling Kindersley Limited, London

Die Inline-Skater in diesem Buch sind:
James Hall, Simeon Hartwig, Barry Lee Normah, Peter Royal und Kelly Wiles.

Deutsche Fassung: **Günther Görtz**.

Einbandgestaltung: Bernd Peter.
Titelbild: Umschlagbilder der Originalausgabe.

ISBN 3-613-50268-2

Copyright © by Pietsch Verlag, Postfach 103743, 70032 Stuttgart
Ein Unternehmen der Paul Pietsch Verlage GmbH + Co
2. Auflage 1997

Lektor: Oliver Schwarz
Satz: primustype R. Hurler GmbH, Notzingen
Printed and bound in Italy by L.E.G.O.

INHALT

AN ALLE JUNGEN INLINE-SKATER

»Es gibt keinen tolleren Spaß, als in der Halfpipe große Sprünge zu machen. Aber im Inline-Skating steckt noch eine Menge mehr als bloß wilde Stunts und hohe »Airs«. Es bedeutet körperliche Fitneß, sportliches Verhalten, Disziplin und hartes Training. Wie für jede Sportart gehört dazu die passende Ausrüstung, die Geduld zum Erlernen der Grundfertigkeiten und die Zeit, so oft wie möglich zu üben, damit man seine persönliche Bestleistung erreicht – sei es bei Wettbewerben oder im Skatepark. Das Wo spielt keine Rolle, nur das Wie. Wer sich echt bemüht, kann in dieser Sportart sagenhafte Erfolge ernten. Die Videos und die Filme, in denen ich mitgewirkt habe, und meine Arbeit für das Team Rollerblade® haben mich reichlich für die vielen harten Trainingsstunden belohnt. Ich hoffe, dieses Buch wird Dich anregen, es auch einmal auf Skates zu versuchen.«

»Als ich 13 war, fing ich mit dem Inline-Skating an. Ich erkannte sofort, daß es ein besonders beliebter Zeitvertreib werden könnte – und sogar einmal ein Beruf!«

»Einige Tricks, wie hier im Bild der Mute Grab (Sprung mit halber Drehung und Ergreifen der Skates), macht man von der Launch box aus.«

»Diesen Sprung nennt man den Japan Air. Man braucht schon eine Menge Schwungkraft, um so hoch hinaus zu fliegen. Am Absprung muß man dazu sehr hohes Tempo draufhaben.«

»Auch der Frontside Grind gehört zur Gruppe der Stunt-Übungen. Doch denk immer dran: Du solltest keinen dieser Tricks ohne Anleitung und komplette Schutzausrüstung probieren. Hier mag es vielleicht einfach aussehen, aber Übungen wie diese erfordern eine Menge Training.«

»Der Sad Plant Invert zählt zu meinen Lieblingstricks. In dieser Drehung steckt alles drin: Tempo, Sprunghöhe, Kraft und Eleganz. Der Helm ist hier das Wichtigste; denn bei diesem Luftsprung geht's verdammt hoch hinaus!«

ZUR GESCHICHTE DES ROLLSCHUHLAUFS

Der erste Schuh mit vier Rollen wurde im 18. Jahrhundert von dem Belgier Joseph Merlin entwickelt. Als ambitionierter Schlittschuhläufer wollte er auch im Sommer nicht auf das Skaten verzichten. Seine Idee, hölzerne Rollen unter den Schuhen zu befestigen, schien großartig, doch er konnte damit weder Kurven fahren noch bremsen und stürzte deshalb oft. Den ersten Inline-Skate entwickelte man 1819 in Frankreich. 1823 folgte eine Erfindung des Engländers John Tyers mit fünf Rädern, doch auch jetzt noch waren das Bogenlaufen und das Abbremsen problematisch, und die aus Eisen gefertigten Skates waren extrem instabil. Der moderne Inliner wurde erst vor kurzem, in den 80er Jahren, von zwei amerikanischen Eishockeyspielern – Scott und Brennan Olson – entwickelt. Im Gegensatz zu dcn früheren Modellen sind heutige Inline-Skates leicht gebaut, leise und schnell.

Ein modernes Hobby
Das Laufen auf Schlittschuhen zur alltäglichen Fortbewegung kannte man in den skandinavischen Ländern bereits um 1100 v. Chr., doch erst seit dem frühen 19. Jahrhundert wurde es zum sportlichen Hobby.

Erste Wettbewerbe
Die Erfindung des Kugellagers 1884 erleichterte das Rollschuhlaufen erheblich. Ab 1947 fanden Wettbewerbe im Rollsport statt, etwa wie dieses Speed-Skating der Damen in den USA.

Perfekter Sitz?
Man stelle sich vor, wie unbequem dieser Rollschuh aus dem Jahr 1879 gewesen sein muß. Er besteht aus einem hochhackigen Schuh mit Rollen unter der Sohle und einem Halteriemen um den Knöchel.

Die eisernen Rollen hatten keine Kugellager und liefen vermutlich schwer und geräuschvoll.

Früher Inliner
Inline-Skates hatten anfänglich nur zwei eiserne Rollen und einen Lederriemen, der um Fußgelenk und Unterschenkel gebunden wurde. Da es noch keine Fersenbremse gab, waren Kurven und Stopps besonders schwierig.

Der Frontstopper, den dieser Inliner noch besitzt, wird heute durch eine Fersenbremse ersetzt.

Rollschuhbahn von einst
Diese Bahn wurde 1890 im Londoner Crystal Palace eröffnet. Der Boden war aus Holz, die Bahn lang und schmal, ungefähr wie eine heutige Eisbahn. Die Skater trugen eiserne, vierrädrige Rollschuhe unter den Schuhen, an jeder Seite zwei Rollen.

Moderner Inline-Skate
Scott und Brennan Olson, zwei engagierte Eishockeyspieler aus Minneapolis (USA), entwickelten den ersten modernen Inline-Skate und nannten ihn »Rollerblade®«. Ihre Konstruktion basierte auf der des Eishockey-Schlittschuhs.

JEDER FÄNGT EINMAL AN

Inline-Skating ist eine der aufregendsten, sich rasch verbreitenden Sportarten unserer Tage. Es macht Spaß und ist auch leicht erlernbar. Wichtigstes Teil der Ausrüstung sind natürlich die Skates und Skate-Schuhe, die einen guten, bequemen Paßsitz haben müssen. Fast so wichtig ist aber auch die richtige Schutzausrüstung, die Dich vor Verletzungen bewahren soll. Am besten trägst Du für den Anfang locker übereinander gezogene Kleidung, in der Du Dich frei bewegen kannst.

Die meisten Helme haben Schaumstoffpolster und verstellbare Riemen für guten Sitz.

Das langärmlige Oberteil schützt die Haut, wenn Du fällst.

Der Helm
Er ist der wichtigste Teil Deiner Schutzausrüstung. Der Helm soll allgemeinen Sicherheitsvorschriften entsprechen und bequem und sicher sitzen.

Ellbogenschützer
Sie bieten den verletzungsanfälligen Ellbogen Schutz bei Stürzen. Die Luftlöcher sollen wie beim Knieschützer nach unten weisen.

Die Kunststoffeinlage im Handgelenkschützer soll unter dem Handballen sitzen.

Handgelenkschützer
Hand und Gelenk sind Partien, die bei einem Sturz am ehesten in Mitleidenschaft gezogen werden. An der Innenseite der Gelenkschützer bieten stabile Kunststoffschienen zusätzlichen Schutz.

Zum sicheren Verstauen von Kleingeld oder Schlüsseln ist die Gürteltasche eine nützliche Sache.

Vor dem Kauf solltest Du sicher sein, daß die Schuhe gut passen und das Gelenk stützen, vor allem im Knöchelbereich.

Weite Shorts sind bei warmen Wetter ideal; Du kannst Dich darin frei bewegen.

Zu eng?
Ellbogen- und Knieschützer bestehen aus gepolstertem, elastischem Material und werden zumeist mit Klettbändern befestigt. Nicht zu stramm anlegen, da sonst die Bewegungsfreiheit eingeengt ist.

Knieschützer
Am besten sind Knieschützer mit Polsterung und darüber einer harten Kunststoffschale. Die Polsterung absorbiert den Stoß beim Fall, die Schale schützt Haut und Kleidung.

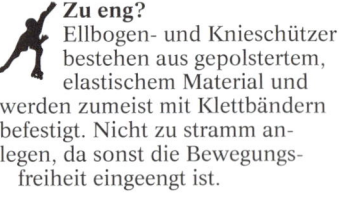
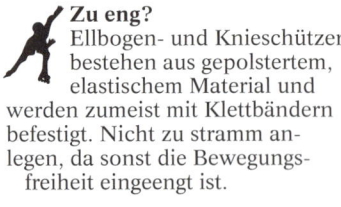

Im Metallrahmen unter dem Schuh sind die Rollen gelagert. Der Rahmen ist zumeist etwa 30 cm lang.

Skaten bei Dunkelheit

Sorg dafür, daß Du bei Dunkelheit von Fußgängern, Auto- und Radfahrern gut gesehen wirst. Da es abends und nachts meistens kühler ist, zieh Dich entsprechend wärmer an.

Mit einem Schal oder hochschließenden Kragen solltest Du den Nacken warmhalten.

Ideal bei Dunkelheit und kühlem Wetter ist eine Jacke in hellem Farbton.

Reflektierende Gürtel oder Westen sind bei Dunkelheit sehr wichtig, weil Du damit von vorn wie von hinten gesehen wirst.

Wenn Du Handschuhe trägst, dann bitte unter den Gelenkschützern!

An kühlen Abenden sind Trainingshosen genau das Richtige.

Zieh den Knöchelriemen nicht zu fest an, sonst kannst Du den Fuß nicht richtig bewegen.

Zieh den mittleren Riemen fester als die anderen, damit der Fuß sicher geführt wird.

Fersenbremse oder -stopper

Gesehen werden! In einem guten Fahrradgeschäft sollte man all diese leuchtenden oder reflektierenden Zubehörteile bekommen.

An den Handgelenkschützern lassen sich reflektierende Streifen befestigen.

Knieschützer bekommt man oft schon mit reflektierenden Streifen an den Verschlußbändern.

Rücklicht oder -strahler

Inline-Skates

Die Schuhe bestehen meistens aus einer harten Außenschale und einem weichen Innenschuh, die zusammen Stütze und bequeme Beweglichkeit bieten sollen. Sie können geschnürt oder mit Schnallen verschlossen sein. Am rechten Skate sitzt gewöhnlich der Fersenstopper.

Um Krämpfe zu vermeiden, laß den Zehriemen lose.

Verschiedene Rollenausführungen

Rollen

Die Rollen der Skates sind ausschlaggebend für Deine Leistungen. Je größer die Rollen (Maße in Millimeter), um so schneller kannst Du laufen. Für den Rollenwerkstoff gibt es verschiedene Härtestufen (»Durometer«), die mit »A« und einer Zahl bezeichnet werden: Die weichste lautet 74A, die härteste 93A.

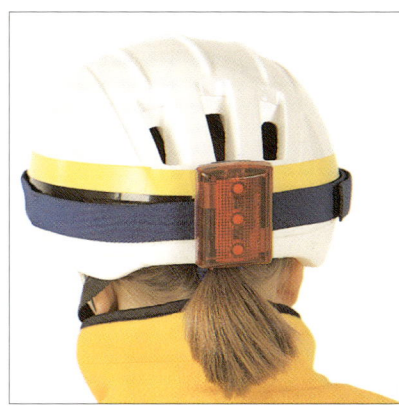

Rückstrahler am Helm

Es ist ungeheuer wichtig, als Skater bei Nacht von hinten erkannt zu werden. Am Helm kannst Du ein Rücklicht mit einem Gummiband befestigen.

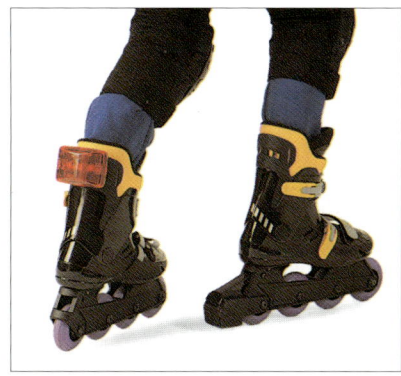

Rücklicht am Skate

Wichtig ist auch ein Rücklicht am Skate-Schuh. Damit es bei einer Erschütterung nicht abfällt, befestige es mit Klettband.

»SKATE SMART« – VERNUNFT UND FAIRNESS

Die International Inline Skating Association (IISA) ist der Weltverband für diese Sportart. Sie hat eine Kampagne ins Leben gerufen, die sich »Skate smart« nennt, und ein Regelwerk erstellt mit dem Ziel, dem Skater zu ermöglichen, seinen Sport fair und gefahrlos für sich und andere ausüben zu können. Richtig verstanden und umgesetzt wird »Skate smart« nicht nur ein gutes Beispiel geben, sondern auch für das Inline-Skating als vergnügliche, sichere Betätigung werben und andere Leute ermutigen, es auch einmal zu probieren.

Die »Spielregeln«

1. Trage stets Schutzausrüstung: Helm, Knie-, Ellbogen- und Handgelenkschützer.
2. Lerne die Grundtechniken auf ebenen, sicheren Straßen oder Plätzen.
3. Halt die Skates in einwandfreiem Zustand.
4. Sei jederzeit konzentriert und rücksichtsvoll.
5. Achte auf Dein Tempo, auf wechselnde Bedingungen, auf Risiken und Gefahren.
6. Nimm die Vorschriften des Straßenverkehrs ernst.
7. Laß das Skaten in Gegenden mit starkem Verkehr.

Grundausrüstung für Skater

Es wäre gut, sich ein Reparatur-Set zusammenzustellen, das man in einer Tasche mitführen kann. Achte auf die richtigen Werkzeuge für Deine Inliner, wie z. B. die hier abgebildeten. Über Spezialwerkzeuge gibt Dir Dein Händler Auskunft.

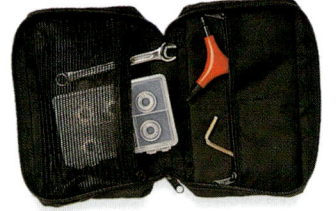

Werkzeugtasche

Dreifachschlüssel

Kugellager

Behälter für Ersatzlager

Eine Auswahl von Inbusschlüsseln

Mitführen der Ausrüstung

Außer dem Werkzeug willst Du vermutlich noch andere Dinge mitführen, etwas Geld zum Beispiel oder Getränke. Unten zeigen wir eine Tasche, die am Schuh befestigt wird sowie eine Tasche für die Inline-Skates.

Schuhtasche

»Skate bag«

Mach Dein Nahen und Deine Absichten für andere deutlich erkennbar, so daß sie nicht überrascht werden.

Sag, was Du vorhast

Überhole Fußgänger, Radfahrer und andere Skater stets nur links. Kündige das Überholen deutlich an, sag z. B. »Ich überhole links«. Überhole nur, wenn es sicher ist und genügend Platz da ist.

Halte vor Fußgängern in jedem Fall an und laß sie vorbei!

Achtung, Fußgänger!

Laß Fußgängern immer den Vortritt! Es ist höflicher und zeigt, daß Dir die Sicherheit am Herzen liegt. Mach Dich zum Fair-play-Botschafter für das Skating!

Pflege der Inline-Skates

Skates erfordern eigentlich kaum Pflege, und falls es einmal Reparaturen gibt, sind sie zumeist nicht teuer. Halt die Skates sauber, wisch sie von Zeit zu Zeit mit einem weichen, feuchten Tuch ab. Am wichtigsten sind die Rollen, die Du einmal die Woche auf Verschleiß an der Innenkante kontrollieren solltest. Dreh alle Rollen, um sicher zu sein, daß sie frei laufen, und horch auf schleifende Laufgeräusche, die besagen, daß ein Lager verschmutzt ist.

Halt den Inliner zur Prüfung in Augenhöhe.

Wechseln der Rollen

1 Ob nun ein bestehender Rollensatz umgesetzt oder gegen einen neuen Satz ausgetauscht werden soll, es ist gut, wenn Du weißt, wie man das macht. Halt den Skate fest zwischen den Beinen und löse den Achsbolzen mit dem passenden Inbusschlüssel.

Losschrauben der Achsbolzen mit dem Inbusschlüssel.

2 Befasse Dich immer nur mit einer Rolle zur gleichen Zeit. Nach dem Ausbau der Achse nimm die Rolle heraus, setz die andere in den Rahmen ein und zieh den Achsbolzen wieder fest. Sind alle Rollen an ihrem Platz, sorge durch eventuelles leichtes Lösen des Bolzens dafür, daß alle Rollen nach kurzem Anstoßen gleich lange laufen.

Herausnehmen der (ganzen) Rolle.

Umsetzen der Rollen

Hierunter versteht man das Tauschen der Rollen im Rahmen und das Umdrehen am Platz, um gleichmäßigen Abrieb zu erzielen. Die Innenkanten der Rollen nutzen sich stärker ab als die äußeren, weshalb das Umsetzen längere Lebensdauer verspricht.

Die Pfeile besagen, wohin jede Rolle nach dem Umsetzen wandert.

Vorschlag für das Umsetzen

Wir bezeichnen die Rollen von vorn (Fußspitze) nach hinten (Ferse) mit 1 bis 4. Setz die Rollen so um, wie nebenstehend dargestellt: Nr. 1 nach Position 3 am anderen Skate, desgleichen Nr. 2 nach Position 4 und so fort, bis jede der Rollen am neuen Platz sitzt.

Alter Platz am erstem Skate	Neuer Platz am anderen Skate
1 →	3
2 →	4
3 →	1
4 →	2

Reinigen und Ersetzen der Lager

Jede Rolle besitzt zwei kleine Kugellager, die für ruhigen, genauen Lauf der Rolle sorgen. Ihr Zustand ist ausschlaggebend dafür, wie schnell oder leicht der Skate läuft. Schmutz im Lager macht ihn nicht nur langsamer, er zerstört das Lager auch schneller. Meistens sind die Lager seitlich abgedichtet, also weitgehend vor Schmutz geschützt. Läufst Du aber durch Sand, Staub oder Wasser, ist es ratsam, die Skates und Lager sogleich zu reinigen.

1 Das Äußere des Inline-Skates neigt stark zum Verschmutzen. Reinige ihn regelmäßig mit trocknem Putzlappen oder sauberen Papiertüchern. Mit einer alten Zahnbürste kommt man gut in die Hohlräume des Rahmens.

2 Zum Reinigen oder Austauschen der Lager kannst Du sie mit dem Dreifachschlüssel (siehe Seite 12) nach beiden Seiten hin ausdrücken. Mit trocknem Lappen reinigen, aber nicht einölen. Beim Wiedereinbau der Rolle den Achsbolzen nicht zu fest anziehen.

Fersenbremse ausbauen

Der Fersenstopper, der Bremsklotz also, kann entweder eckig oder rund sein. Ist der Klotz bis unter die Verschleißmarke abgenutzt, solltest Du den eckigen Kiotz erneuern; den runden kann man auch herumdrehen, um die bessere Seite abzunutzen.

Der Ausbau der Bremse geht in gleicher Weise wie der der Rollen vor sich (passenden Inbusschlüssel benutzen!).

Halte den Skate fest zwischen den Beinen.

AUFWÄRMTRAINING

Das Inline-Skating ist eine Sportart, die den ganzen Körper beansprucht. Deshalb ist es wichtig, daß Du Dir vor dem Einsteigen in die Skateschuhe Zeit für ein Streck- und Aufwärmtraining nimmst. Das hilft Dir, Verletzungen zu verhüten, und verschafft Dir beim Skaten Gelassenheit und Selbstvertrauen. Die hier gezeigten Übungen wirken lockernd auf die beim Skaten hauptsächlich beanspruchte Muskulatur.

Dehnen der Beinmuskulatur

Um die großen Muskelpartien an der Rückseite der Oberschenkel zu lockern, leg Dich auf den Rücken, ein Knie gebeugt, und streck das andere Bein hoch. Greif den Unterschenkel und zieh das Bein zum Körper hin.

Versuch dieses Bein leicht gebeugt zu halten, damit Du sicher bist, daß Du die Muskeln streckst.

Halt diesen Fuß fest am Boden.

Halt den Rücken gerade.

Dehnen der Schenkel- und Wadenmuskeln

Stütz Dich mit beiden Händen auf dem linken Oberschenkel ab, beuge das linke Knie leicht und schieb den rechten Fuß vor. Drück die Hüften nach hinten, bis Du fühlst, wie sich die hinten liegenden Muskeln des rechten Oberschenkels strecken. Wenn Du die Zehen anhebst, spürst Du auch in der Wade die Dehnung.

Heb die Zehen an, um die Streckung zu verstärken.

Dieses Knie ist zum Abstützen leicht gebeugt.

Rumpfbeugen seitlich

Halt die Beine gegrätscht und die Knie leicht gebeugt, während Du einen Arm hochhältst und nach der andern Seite hinüberreckst. Streck Dich von der Taille aus zur Seite, halt die Hüften ruhig und nach vorn gerichtet. Bleib so etwa 20 Sekunden lang, dann mach das Ganze spiegelbildlich.

Versuch Dich beim Strecken nicht vorzubeugen.

In beiden Richtungen
All diese Übungen sollten natürlich abwechselnd nach beiden Richtungen gemacht werden.

Leg diese Hand an die Hüfte.

Beuge die Knie leicht.

Armkreisen

Versuch bei der ganzen Übung normal zu atmen.

Arme sollen dicht an den Ohren vorbeikreisen.

Schwing die Arme auch nach vorn durch.

1 Stell Dich gerade mit nur leicht gebeugten Knien auf. Streck die Arme vor dem Körper aus.

2 Halt die Arme gestreckt und beginne mit dem Armkreisen am Kopf vorbei nach hinten.

3 Schließ den Kreis, indem Du die Arme nach hinten und zur Seite kreisen läßt. Wiederhole das zehnmal.

Dauer
Jede Streckung soll etwa 15–20 Sekunden lang gehalten werden.

14

Dehnen der Gesäßmuskeln

Leg Dich auf den Rücken und schlage das rechte Bein über das linke. Dann heb das linke Bein an und zieh mit der rechten Hand den linken Oberschenkel zu Dir heran. Du spürst ein Ziehen in der rechten Hüfte.

Diesen Fuß auf den linken Oberschenkel legen.

Diesen Fuß vom Boden abheben.

Hüft-Beugemuskeln

Geh in die Kniebeuge wie auf dem Foto gezeigt und streck das linke Bein nach hinten weg. Lehn Dich vor, indem Du das vordere Knie weiter vorbeugst. Dann fühlst Du einen Zug vorn in der linken Hüfte.

Leg zum Balance-halten die Hände auf den Ober-schenkel.

Dehnen der Ober-schenkelmuskulatur

Der große Oberschenkelstreck-muskel ist einer der beim Skaten am meisten belasteten Muskeln. Stell Dich auf ein Bein, das leicht gebeugt sein soll. Das andere wird am Fußknöchel gefaßt und nach hinten-oben ge-zogen. Halt die Knie zu-sammen und schieb die Hüften vor.

Halt die Knie zu-sammen.

Streck dieses Bein nach hinten aus.

Dehnen der Innen-schenkelmuskulatur

Setz Dich auf den Boden und spreiz die Beine zu den Seiten. Halt die Schultern entspannt und den Kopf hoch. Lehn Dich in der Taille vorwärts und leg die Hände flach auf den Boden.

Lehn Dich etwas weiter vor, wenn Du ein Nach-lassen der Muskel-dehnung spürst.

Wenn Du an-fangs noch nicht elastisch genug bist, dehne die Innenschenkel, indem Du im »Schneidersitz« die Fußsohlen anziehst.

Füße heran-ziehen.

Flüssige Bewegungen
Bei den Streckübungen darfst Du die Muskeln nicht ruckartig oder mit Gewalt bela-sten. Versuch normal zu atmen.

So streckst Du die äußeren Oberschenkel-muskeln.

Äußere Oberschenkelmuskeln

Streck auf dem Boden sitzend das linke Bein vor, kreuze das rechte drüber und drück mit dem linken Ellbogen dagegen. Du spürst ein Ziehen außen am Oberschenkel.

Dehnung der Rückenmuskeln

Streck beide Arme bei gefalteten Händen nach vorn. Du wirst zwi-schen den Schulterblättern ein Ziehen spüren.

Schieb die Arme vor.

Schmerzgrenze
Dehn die Muskeln nur, bis Du Zug, nicht Schmerz spürst!

Die Knie sind leicht gebeugt.

Drück die Ellbogen nicht durch.

Dehnen der Brustmuskulatur

Das Gegenteil der oben gezeigten Dehnübung ist das Dehnen der Brust-muskeln. Nimm einfach beide Arme nach hinten und falte die Hände. Wenn Du nun die Arme hochziehst, wirst Du einen Zug vorn in den Schultern und im Brustkorb spüren.

STARTBEREIT

Du hast jetzt die Inliners und die Schutzausrüstung an, und es ist Zeit, die ersten Schritte zu machen. Das Wichtigste, was man am Anfang lernen muß, ist, richtig auf den Rollen zu stehen. Das hilft Dir Balance zu halten, und die wiederum ist gut für Dein Selbstvertrauen. Probier's zuerst einmal auf einem Rasenstück, damit die Skates nicht gleich wegrollen. Versuch Dich zu entspannen, halt immer den Kopf hoch und richte den Blick auf die Straße vor Dir, nicht auf Deine Skates!

Kanten

Sieh Dir das Profil der Rollen an: Der mittlere Teil ist eine schmale, ebene Fläche, und die Seiten sind abgerundet. Die nennen wir die »Kanten«.

Drück die Knöchel nach außen.

Die Füße sollen schulterbreit auseinander stehen.

Mittelteil der Rollen

Den schmalen ebenen Teil des Rollenprofils nennen wir den »Mittelteil«. Schieb die Skates vor und zurück, und Du bewegst Dich auf dem Mittelteil.

Außenkanten der Rollen

Stell Dich »O-beinig« hin, Füße zusammen, Knie auseinander. Jetzt stehst Du auf den Außenkanten. Mit der Zeit wirst Du sie immer öfter brauchen.

»Ready Position« (Grundhaltung)

Alles, was Du auf Inline-Skates tust, beginnt und endet mit dieser Grundhaltung. In dieser Haltung befinden sich Oberkörper, Beine und Arme ausbalanciert senkrecht über dem vorderen Teil der Skates. Das ermöglicht Dir, die Skates bei jedem Tempo und in jeder Lage unter Kontrolle zu halten.

1 Stell Dich auf ebenen Boden, die Füße etwa schulterweit auseinander. Roll mit den Füßen vor- und rückwärts, um Dich an das Gefühl zu gewöhnen, auf Rollen zu stehen.

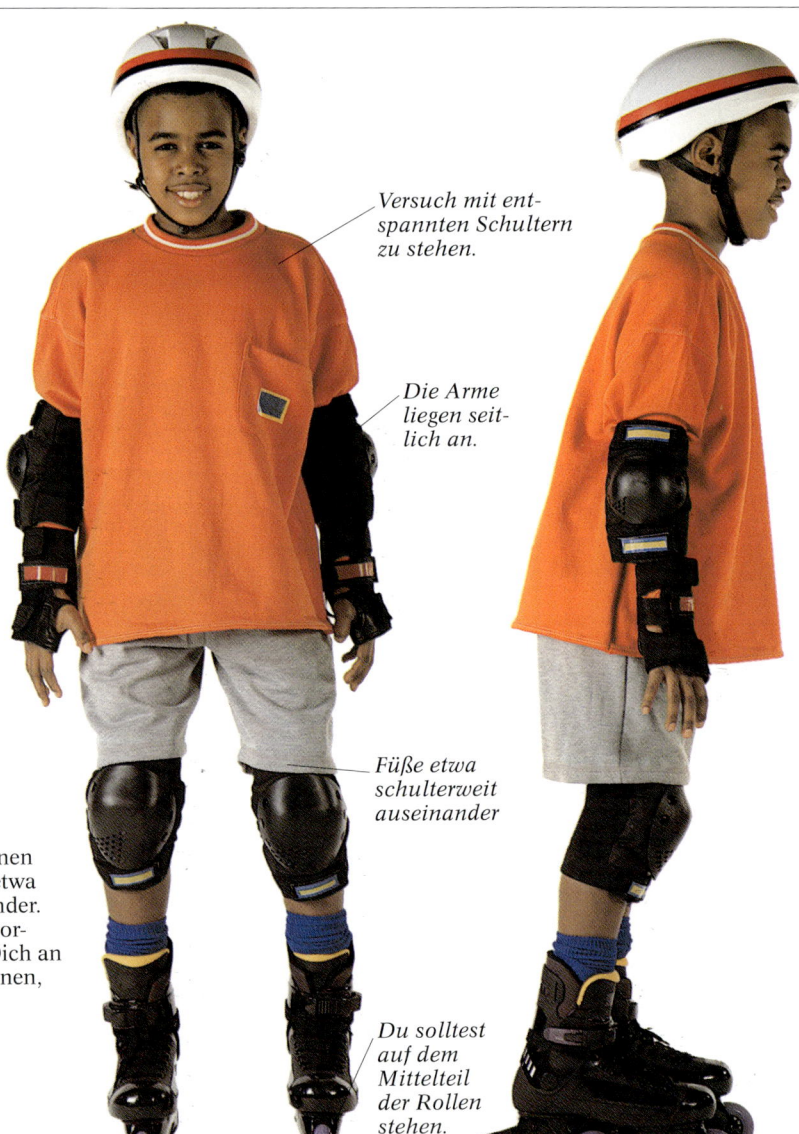

Versuch mit entspannten Schultern zu stehen.

Die Arme liegen seitlich an.

2 Steh ganz gerade, mit erhobenem Kopf, Arme an den Seiten, Beine geschlossen. Ohne Dich in der Taille zu beugen, lehn Dich in den Fußgelenken langsam nach vorn.

Beug Dich leicht in der Taille vor.

Füße etwa schulterweit auseinander

Knie beugen.

Du solltest auf dem Mittelteil der Rollen stehen.

Zieh die Gelenke leicht einwärts.

Versuch Dich auch auf die Innen-/Außenkanten der andern Seite zu stellen.

Verschiedene Grundstellungen

Wenn die »Ready Position« klappt, probier einmal diese verschiedenen Fußstellungen aus. Denk dran, die Knie leicht gebeugt, den Kopf hoch und die Arme vor dem Körper zu halten.

Innenkanten der Rollen

Stell Dich »X-beinig« hin, die Füße mehr als schulterweit auseinander, dann stehst Du auf den Innenkanten. Vor allem bei der Vorwärtsbewegung, dem »Schlittschuhschritt«, läuft man auf Innenkanten.

Innen-/Außenkante

Auf den einander entsprechenden Innen- und Außenkanten Deiner Skates stehst Du, wenn Du bei etwa 15 cm Fußabstand den linken Knöchel einwärts, den rechten auswärts drückst. Diese Innen-/Außenkanten-Kombination wendest Du bei Kurvenfahrt an.

V-Stellung der Füße

Schon die ersten Schritte wirst Du aus dieser offenen Fußstellung heraus machen, bei der die Fersen zusammen und die Fußspitzen weit auseinander stehen. Schieb die Füße jetzt auf den Innenkanten der Rollen vor und zurück.

Innenkanten der Rollen

Nase, Knie, Zehen
In dieser Grundhaltung sollten Nase, Knie und Zehen auf einer Geraden liegen.

Beine zum »A« gegrätscht

Für die ersten Drehungen oder Kurven auf Skates wirst Du diese »A-Haltung« einnehmen, die Füße mehr als schulterweit auseinander. Dadurch stehst Du sicherer, und zwar auf den Innenkanten der Rollen.

Innenkanten der Rollen

3 Beug jetzt die Knie allmählich so weit, daß Du in den Schienbeinen den Widerstand der Skate-Schuhe spürst. Beim Blick nach unten solltest Du nur die Kappen der Knieschützer sehen können. Jetzt versuch Dich auch in der Taille leicht vorzuneigen.

Schau immer nach vorn.

Halt die Arme vor den Körper.

Die Schienbeine sollen jetzt den Widerstand der Schuhverschlüsse spüren.

Lehn Dich in den Fußgelenken nach vorn.

4 Heb die Arme und beug sie leicht. Dabei verlagert sich der Körperschwerpunkt nach vorn über die Fußballen und über die erste und zweite Rolle der Skates. Das ist die »Ready Position«. Aber achte immer darauf, wohin Du rollst!

Schreitstellung

Diese Haltung (ein Fuß vor dem andern) braucht man zum Gleiten, Bremsen und Kurvenlaufen. Die Füße stehen parallel etwa 15 cm auseinander, und Du schiebst einen Skate so weit vor den andern, daß seine hintere neben der vorderen Rolle des andern Skates zu stehen kommt.

Vordere Rolle   *Hintere Rolle*

ABSTOSSEN UND GLEITEN

Inline-Skating, das ist Bewegung, die Du selbst erzeugen mußt. Am einfachsten kommst Du mit dem »Stroke and glide«, dem Abstoßen und Gleiten oder auch Schlittschuhschritt, vorwärts. Mit dem einen Skate stößt Du Dich – wie beim Schlittschuhlaufen – schräg zur Laufrichtung nach außen ab, während Du auf dem andern vorwärts gleitest und umgekehrt. Beides zusammen (links-rechts) ergibt den Schlittschuh- oder Skatingschritt. Zu Anfang solltest Du eher kleine Schritte machen.

Mit dem hinteren Fuß abstoßen.

Fortgeschrittener Skatingschritt

Nach einiger Zeit wirst Du Deine Körperhaltung beim Abstoßen und Gleiten ändern, um die Skates besser unter Kontrolle zu bekommen. Beachte die vorgebeugte Haltung und den geraden Rücken des Läufers hier beim weit ausgreifenden »Striding«.

Abstoßen üben

Stell Dich in »Ready Position« (Grundhaltung, siehe S. 17) auf, die Füße in »V-Stellung«, also vorn auseinander, etwa auf »11 Uhr« und »1 Uhr« gemäß dem Zifferblatt der Uhr.

Neig Dich leicht in Rollrichtung nach vorn.

Die Knie sind leicht gebeugt.

Dreh den Knöchel einwärts.

Innenkante

1 Aus der V-Stellung schieb den rechten Fuß vorsichtig nach rechts-außen und danach wieder zurück in die alte Lage. Wiederhol dies mit dem linken Fuß, um Dich erst einmal an die Rollen unter den Füßen zu gewöhnen.

Gleite auf dem rechten Skate.

Stoß Dich mit dem linken Fuß ab.

Fußstellung

Roll den rechten Skate nach außen und behalt den linken beim Abstoß mit seiner Innenkante auf dem Boden.

2 Verlagere das Körpergewicht auf den rechten Fuß und stoß Dich mit dem linken ab. Laß den rechten Skate am Boden vorwärts gleiten und heb nun den linken vom Boden ab. Das war Dein erster Skatingschritt!

Gleichgewicht halten

Auf einem Fuß rollen zu können, ist nicht nur für den Skatingschritt unerläßlich, es ist auch eine Übung, die Du beherrschen mußt, bevor Du mit größeren Schwierigkeiten wie etwa dem Übersetzen (siehe S. 26–29) beginnen kannst.

Balancieren auf einem Bein

Übe das Balancieren auf einem Fuß, indem Du in Grundhaltung stehend im Wechsel den einen und den andern Fuß hochhebst. Stell fest, wie lange Du auf einem Bein stehen kannst!

Die Arme sollten ausgestreckt sein.

»Duck walk«

Dieser »Entengang« soll Dich auf die ersten Skatingschritte vorbereiten. Die Füße sollen in V-Stellung sein, und Du stehst auf den Innenkanten der Rollen. Heb einen Fuß nach dem andern hoch und mach kleine Schritte vorwärts.

Fußstellung

Das Abstoßen mit dem linken Skate treibt Dich vorwärts. Während dieser vom Boden abhebt, gleitet der andere über den Boden.

Eine Acht laufen

Bei dieser Übung (auch »Sculling«, »Swizzling« oder »Eieruhr« genannt), die schnell oder langsam ausgeführt werden kann, bleiben die Skates am Boden. Sie ist sehr nützlich für das Drehen und Kurvenfahren, für das Umfahren von Hindernissen und für ein gutes Gefühl für die Skates.

Bring die Knieschützer dicht zusammen.

Halt die Knie gebeugt, auch während Du die Füße weit öffnest.

Ständiger Bodenkontakt
Während der ganzen Übung sollen die Füße am Boden bleiben.

1 Stell Dich in V-Stellung auf, die Knie leicht gebeugt, die Innenkanten der Rollen am Boden.

2 Öffne beide Füße spiegelgleich weit nach außen. Dadurch kommst Du vorwärts ins Rollen. Halt das Körpergewicht auf den Fußballen.

3 Mach mit den Füßen den »Schneepflug«, also die Fußspitzen zusammen, zieh die Skates parallel und öffne sie vorn, bis sie wieder in der Ausgangslage sind.

Halt den Kopf hoch.

Du solltest ständig Deine Arme sehen können. So bleibt auch Dein Schwerpunkt leicht vorgeschoben.

Immer aufpassen, wohin die Fahrt geht!

Nimm zwischen einem Abstoß und dem nächsten immer wieder die Grundhaltung ein.

Speed-Skating

Je vertrauter Du mit dem Gerät wirst, um so schneller wirst Du laufen wollen. Weites Ausholen und Rudern mit den Armen hilft zu höherem Tempo. Wie das Foto zeigt, schwingen die Arme im Takt mit den Skatingschritten.

Gute Skatehaltung
Denk dran: Knie beugen, in der Taille vorlehnen und Kopf hochhalten.

Mittelteil der Rollenprofile

Drück das Schienbein gegen die Schuhbindung, während Du auf dem linken Skate gleitest.

3 Nimm die Füße parallel zusammen und gleite auf dem Mittelteil beider Rollen, während Du den Körper ins Gleichgewicht bringst. Dabei stehst Du in Grundhaltung, und das Gewicht liegt auf den Fußballen (»paralleles Rollen«).

4 Jetzt wiederhol das Abstoßen und Gleiten, diesmal mit dem rechten Fuß abstoßend und auf dem linken Skate rollend. Balanciere weiterhin auf einem Fuß, während der andere abstößt, und achte darauf, daß Du jedesmal für ein Weilchen in die parallele Fußhaltung zurückkehrst. Wenn Du Dich sicher fühlst, versuch, Abstoß- und Gleitbewegung miteinander zu verbinden.

WIE MAN BREMST

Bevor Du lernst, Dich auf Skates wirklich schnell zu bewegen, ist es überaus wichtig, daß Du weißt, wie Du sicher zum Stehen kommst. Das Abbremsen ist nicht schwer, aber zu Anfang ist damit ein unangenehmes Gefühl verbunden, und man braucht einfach eine Menge Übung. Es gibt viele Möglichkeiten, auf Inline-Skates abzubremsen und zum Stehen zu kommen, doch die Fersenbremse ist die erste und auch die wirksamste Art, die Du anwenden wirst. Die meisten Skates werden bereits mit Fersenbremse (»Fersenstopper«) gekauft. Üblicherweise ist der Stopper am rechten und für Linkshänder am linken Skate montiert. Der Klotz ist rund oder eckig und meistens aus Gummi.

Schau vorwärts, nicht auf die Füße.

Halt mit den Armen die Balance.

Neig Dich ein wenig in den Hüften nach vorn, um den Druck auf die Bremse zu erhöhen.

Fersenstopp

Die erste Ausführung einer Bremse, die für Skates entwickelt wurde, war die Fersenbremse, und sie ist wohl auch heute noch die wirkungsvollste. Üb das Bremsen bitte zuerst auf Gras, ehe Du's auf einer harten Oberfläche probierst.

»Stärkeren« Fuß nach vorn
Sei sicher, daß Du den Stopper an Deinem »stärkeren« Bein hast (das ist dann der »Bremsfuß«).

1 Gleite in Grundhaltung (»Ready position«) mit parallelen Skates und zieh den Bremsfuß vor, so daß sich der Stopper auf Höhe der ersten Rolle des andern Skates befindet.

2 Heb die vorderen Rollen des Bremsskates so weit an, daß der Klotz den Boden berührt. Mach keine plötzliche Bremsbewegung, sondern roll weiter und erhöhe allmählich den Druck auf die Fersenbremse.

3 Wenn der Stopper am Boden ist, beug im Weiterrollen das hintere Knie. Das gibt Dir das Gefühl, in der Hocke zu sitzen, und erlaubt Dir bessere Dosierung der Bremse.

Halbe Drehung, Spin-Stopp

Wie der T-Stopp (s. S. 21), so ist auch der Spin-Stopp eine Möglichkeit, ohne Fersenbremse anzuhalten.

Halt die Arme vor den Körper.

Streck die Arme seitlich aus, um besser Balance halten zu können.

1 Die Fotofolge zeigt einen Spin-Stopp rechtsherum. Aus der Grundhaltung setzt Du den rechten Fuß nach hinten und hebst die Ferse an, während Du auf dem vorderen Skate weitergleitest.

Paß auf, daß die vordere Rolle dieses Skates am Boden bleibt.

2 Dreh das rechte Knie nach auswärts, indem Du den hinten angehobenen Skate um seine vordere Rolle herumschwenkst. Die Fersen nähern sich, die Knie gehen auseinander und der vordere (linke) Skate beginnt, einen Bogen zu beschreiben.

Die Füße befinden sich in Schreitstellung (siehe S. 17).

3 Setz den rechten Skate wieder auf den Boden. Behalt die Fersen beieinander und die Knie gebeugt. Jetzt liegen beide Skates Ferse an Ferse auf derselben Kreisbahn. Halt die Arme seitwärts und richte den Oberkörper auf, um nicht vornüber zu kippen.

Auf diesem Skate rollst Du weiter in Laufrichtung.

Setz diesen Skate wieder auf den Boden, die Fersen dicht beieinander.

Der T-Stopp

1 Auch bei dieser Bremsung benutzt man die Fersenbremse nicht. Zum Abbremsen werden die Füße, wie es der Name andeutet, in T-Form gesetzt. Gleite in Grundhaltung vorwärts und nimm dann den Bremsfuß zur Schreitstellung nach hinten.

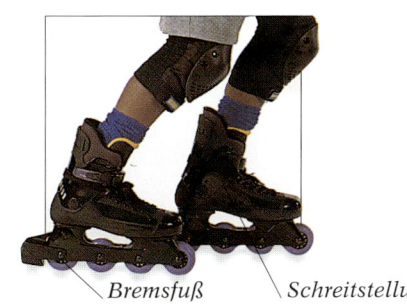

Bremsfuß — *Schreitstellung*

2 Das Körpergewicht soll jetzt auf dem vorderen (hier dem linken) Fuß liegen. Dreh die Fußspitze des Bremsfußes langsam nach außen und Du fühlst, wie die Rollen dieses Skates beginnen, mit der Innenkante über den Boden zu schleifen.

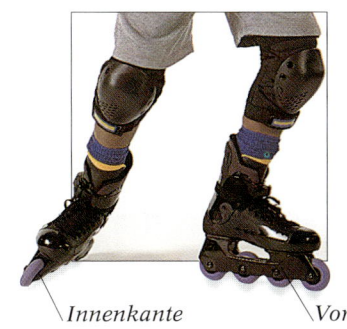

Innenkante — *Vorderer Fuß*

3 Der vordere Skate soll nun entweder auf der Außenkante oder der Mitte der Rollen laufen. Zieh den hinteren, querstehenden Fuß ganz an die Ferse des vorderen heran, so daß beide ein »T« bilden. Je mehr Druck Du auf den hinteren Skate ausübst, um so schneller kommst Du zum Stehen.

Laß den Skate mit den Rollen über den Boden schleifen.

Mittelteil oder Außenkante der Rollen

Hoher Verschleiß
Der Hauptnachteil des T-Stopps besteht darin, daß Du die Innenkanten der Rollen als Bremsklötze benutzt und die Rollen daher schneller als sonst üblich verschleißen.

Streck diesen Arm zur Seite, um besser Gleichgewicht zu halten.

Halt einen Arm quer vor den Körper, damit es kein Spin-Stopp wird.

Halt beide Knie gebeugt.

4 Sehr wichtig ist, daß beim Anhalten beide Knie gebeugt sind. Versuch den hinteren Skate nicht zu weit zur Seite herumzuschwenken, denn sonst wird daraus ein Spin-Stopp. Um das zu vermeiden, leg denjenigen Arm, der dem Bremsfuß entspricht (hier den rechten), vor den Körper. Der andere Arm ist seitlich ausgestreckt, um Balance zu halten.

Nur langsam!
Den Spin-Stopp solltest Du nur bei langsamer Fahrt anwenden, oder um Dich vor dem Hinfallen aufzufangen.

Den Spin-Stopp solltest Du auch linksherum üben.

Kopf hoch und Oberkörper aufrichten, um nicht vornüber zu fallen.

4 Deine Skates führen automatisch die Drehung um 180° aus und bringen Dich zum Stehen. Vor dieser Bremstechnik magst Du anfänglich zurückscheuen, mit viel Üben gehts aber bald besser.

Powerslide

Eine der eindrucksvollsten Möglichkeiten zum Anhalten ist der Powerslide, die Vollbremsung. Diese Aktion ist aber auch riskant, also unbedingt volle Schutzausrüstung tragen!

1 Verlagere das Gewicht senkrecht über den vorderen (hier den linken) Fuß. Heb langsam den hinteren Skate und dreh die Fußspitze auswärts.

2 Setz den hinteren Skate hinter Dir auf, und zwar unter einem Winkel, der ihn mit den Innenkanten der Rollen (nicht mit dem Rahmen) über den Bodenbelag schleifen läßt. Der Oberkörper soll in dieselbe Richtung weisen wie der vordere Skate.

VERLETZUNGSFREI FALLEN

Irgendwann erwischt es jeden einmal: Du verlierst das Gleichgewicht oder ein Hindernis verfängt sich in den Rollen und Du fällst zu Boden. Keine Sorge. Hinfallen gehört dazu, wenn man lernt. Du mußt bloß auch lernen, wie man sicher landet, also wie man »richtig« hinfällt und ohne Verletzungen wieder auf die Beine kommt. Je entspannter Du bist, um so geringer ist das Verletzungsrisiko. Versuch nie, einen Sturz zu vermeiden, indem Du an einem Baum, einem Zaun oder gar an einem Menschen Halt suchst. Stattdessen verlaß Dich auf Deine Schutzausrüstung. Und vor allem: Ruhe bewahren!

Wenn Du glaubst, gleich zu fallen, versuch Dich nach vorn zu legen.

Knick in der Taille ein.

Mach die Ellbogen nicht steif.

Halt die Knie gebeugt.

1 Erfahrene Skater fallen meistens plötzlich, weil sie ziemlich schnell laufen. Als Anfänger dagegen bewegst Du Dich noch viel langsamer und wirst das Hinfallen häufig im voraus spüren. Versuch immer, nach vorn zu fallen. Bleib ruhig und bring den Schwerpunkt nach unten, indem Du Dich vornüberbeugst.

Gut geschützt
Ganz wichtig ist, daß Du die verschiedenen Schützer richtig und wirklich immer anlegst. Die elastischen Manschetten müssen jeweils in der Beuge von Armen und Knien sitzen und mit dem Klettverschluß fest angezogen werden.

Wieder aufstehen

Hinfallen ist der leichtere Teil. Aber dann kommt das Aufstehen, und Du mußt lernen, richtig hochzukommen, um nicht immer wieder in die Ausgangslage zurückzufallen. Für die Zuschauer mag das lustig aussehen, aber das hilft Dir wenig.

Schlag dieses Bein über, während Du dich auf die Seite rollst.

1 Roll Dich zuerst auf den Rücken und dann auf die (hier die linke) Seite. Fang jetzt an, Dich mit den Händen aufzustützen.

Der kontrollierte Sturz

Wenn Du schon einmal Eishockeyspieler beobachtet hast, wirst Du wissen, daß sie sich beim Hinfallen selten wehtun. Weil sie nämlich auf dem Eis entlangschlidern, wodurch der Aufprall gemildert wird. Die Kunststoffe Deiner Hand- und Knieschützer erlauben in ganz ähnlicher Weise das Weiterrutschen auf dem Boden.

Versuch zuerst auf die Knie zu fallen.

2 Beim Aufprall auf den Boden solltest Du Dich darauf konzentrieren, die Wucht des Falls mit dem schützenden Kunststoff aufzufangen, also zuerst auf den Knien, dann auf den Ellbogen und dann auf den Handgelenken zu landen. Halt die Finger hoch, um die Knöchel nicht zu verletzen.

Der falsche Weg
Wenn Du Dich so mit den Armen vom Boden abstoßen wolltest, läge Dein Gewicht zu weit vorn und Du würdest wieder vornüber fallen.

Fang an, den Oberkörper aufzurichten.

Unterstützendes Bein

Steh langsam auf. Halt den Schwerpunkt niedrig, bis Du sicher auf den Beinen stehst.

Stabilisiere Deinen Stand mit den Händen auf den Knien.

Hol einmal tief Luft und entspann Dich, ehe Du weitermachst.

Versuch erstmal, ruhig auf den Skates zu stehen.

2 Dreh Dich weiter herum und stütz Dich auf Händen und Knien ab. Mit dem Blick zum Boden mußt Du jetzt Dein Gewicht auf die Knie verlagern.

Stütz Dich nicht mit dem ganzen Gewicht auf die Hände!

3 Bring das eine Bein unter den Körper und leg beide Hände auf den Oberschenkel dicht am Knie. Stell sicher, daß Dein Skate flach auf dem Boden steht, dann drück Dich mit beiden Händen kräftig vom Knie ab.

4 Zieh das hintere Bein nach vorn, während Du Dich aufrichtest und Dich mit beiden Händen auf den Knien abstützt. Natürlich solltest Du zuerst wieder ganz sicher stehen, ehe Du von neuem anfängst.

Das Gleichgewicht wiederfinden

Mit Armen oder Beinen in der Luft herumzufuchteln, hilft Dir nicht weiter, wenn Du die Balance verlierst.

Mach den Rücken gerade.

Beug Dich in den Hüften.

Hintenüber
Versuch unbedingt zu vermeiden, daß Du nach hintenüber fällst, denn die Wirbelsäule ist besonders verletzungsanfällig.

1 Wenn Du Dich beim Skaten zurücklehnst, kommst Du schnell aus dem Gleichgewicht. Der Versuch, Dich aufzurichten und mit den Armen zu wedeln, hilft Dir nicht die Balance wiederzufinden.

2 Stattdessen bring die Arme schnell nach vorn-unten vor den Körper, geh in die Kniebeuge und leg die Hände auf die Knieschützer. Roll in dieser Haltung weiter, bis Du Dich stabil genug fühlst, um die Grundhaltung einzunehmen und weiterzumachen.

Die Knie sind abgewinkelt und die Skates in der Luft.

3 Rutsch auf den Knie- und Armschützern weiter, bis Du flach auf dem Boden liegst. Damit wird die Wucht des Sturzes auf den ganzen Körper verteilt. Wenn Du Dich vor dem Hinfallen scheust, dann üb jede dieser Phasen für sich, bis Du Dich traust, den ganzen Sturz zu proben.

Halt den Kopf hoch, um beim Schleifen über den Boden Schrammen im Gesicht zu vermeiden.

Versuch die Finger hoch und weg vom Boden zu halten.

Streck die Arme vor dem Körper aus.

KURVENLAUF (»TURN«)

Egal ob Du die Laufrichtung ändern, eine Kurve laufen, ein Hindernis oder einen anderen Skater umgehen oder einfach nur anhalten willst: Es ist unerläßlich zu wissen, wie man einen »Turn«, also eine Drehung oder Richtungsänderung, ausführt. Turns sind auch eine gute Möglichkeit, das Tempo im Griff zu behalten. Wenn immer Du meinst, zu schnell zu werden, häng ein paar Turns aneinander, und Du wirst ganz von selbst langsamer. Die beiden Arten von Drehungen, die Du lernen solltest, sind der »A-frame turn« und der Parallelbogen. Übe beide auf einem großen Platz, der genügend Bewegungsfreiheit bietet.

Halt den Kopf hoch und die Arme etwas unter Schulterhöhe.

Innenkanten

Beug dieses Knie ein wenig stärker als das andere.

Kurvenäußerer (Außen-)Skate

Schultern und Hüften bleiben bei der Drehung rechtwinklig zur Fußstellung.

Kurveninnerer (Innen-)Skate

Das Gewicht soll gleichmäßig auf beiden Füßen liegen.

»A-frame«-Turn

1 Dies ist zum Lernen der ideale Turn, weil hier die Skates weit auseinander, also besonders fest auf dem Boden stehen. Dein Körper soll bei diesem Turn ein großes »A« bilden, daher der Name. Probier es zuerst auf flachem oder ganz leicht abfallendem Terrain. Gleite vorwärts, Beine gegrätscht, in »A-Haltung« (siehe S. 17), also die Füße mehr als schulterweit auseinander. Das Gewicht sollte gleichmäßig auf beide Füße verteilt sein. Halt den Kopf hoch und die Arme nach vorn-seitlich.

2 Um – wie in den Fotos dargestellt – eine Linkskurve zu fahren, beug das rechte Knie etwas stärker als das linke, dadurch wirkt mehr Druck auf den rechten Fußballen, der den rechten (Außen-)Fuß zum Eindrehen zwingt. Für die Rechtsdrehung ist es umgekehrt.

Fußstellung

Bevor Du den hier beschriebenen Turn probierst, üb das Stehen mit mehr als schulterweit gegrätschten Beinen bei geradeaus gerichteten Füßen. Beug die Knie und drück die Schienbeine gegen den Innenschuh. Du stehst auf den Innenkanten der Skates.

Gute Haltung
Breit gegrätschte Beine, Stand auf den Innenkanten, Knie gebeugt, leicht in der Taille nach vorn geneigt – alles das ist entscheidend für einen guten »A-frame«-Turn.

3 Halt die Füße gespreizt und die Fußspitzen auch während des Turns nach vorn. Falls das Terrain abfällt, gib mehr Druck auf den Außenskate.

Innen-/Außenkante

Du mußt auf der Innenkante des einen und der Außenkante des andern Skates stehen (siehe S. 17), um einen Parallelbogen auszuführen. Üb das Rollen auf dem rechten und dann auf dem linken Skate, und ebenso das seitliche Neigen des Körpers in die Kurve.

Parallelbogen

1 Gleite vorwärts, die Füße in Schreitstellung, also voreinander gesetzt. Der vordere oder Lenkskate sollte stärker belastet sein als der andere. Achte auf Dein Lauftempo und darauf, daß Du nach vorn schaust.

Lenkskate und Stützskate

Beim Parallelbogen ist der vordere der Lenkskate, und Du solltest ihn mit etwa 60% des Körpergewichts belasten. Entsprechend hat der hintere, der Stützskate, etwa 40% zu tragen.

2 Neig den Körper in die Kurve, so daß Du auf Innen-/Außenkante läufst: mit dem Lenkskate auf der Außen- und mit dem Stützskate auf der Innenkante der Rollen.

3 Dreh Kopf und untere Körperhälfte in die Kurvenrichtung, also bei einer Linkskurve nach links. Dein Körper wird sich in dieselbe Richtung bewegen wie die Augen. Bleib in der Schreitstellung, bis der Bogen ausgefahren ist. Halt die Arme zum Balancehalten nach vorn-seitlich.

Die Augen müssen immer in Laufrichtung schauen.

Halt den Kopf hoch.

Dreh Dich in der Taille, so daß der Rumpf Front zur Kurvenrichtung macht.

Deine Arme sollen ausgestreckt sein.

Deine Füße sollen in Schreitstellung bleiben, bis der Bogen gelaufen ist.

Leg Dich mit dem ganzen Körper in die Kurve.

🛼 **Perfekte Parallelbogen**
Ein guter Parallelbogen erfordert das Laufen auf Innen-/Außenkante, Füße in Schreitstellung und Kurvenneigung des Körpers.

Halt die Knie gebeugt.

Hinterer oder Stützskate

Vorderer oder Lenkskate

Parallelbogen in der Praxis

Er wird nicht ausschließlich beim normalen Inline-Skating angewandt. Dieses Foto zeigt einen Skiläufer, der in den Sommermonaten auf Inline-Skates trainiert. Er führt den Parallelschwung aus (siehe S. 30), eine der Möglichkeiten, einen Hang abwärts zu laufen. Dabei werden Parallelbogen im Wechsel nach beiden Seiten gelaufen.

BOGENLAUFEN/ ÜBERSETZEN VORWÄRTS

Anders als beim einfachen Kurvenlaufen, bei dem Du ohne Beschleunigung weiterrollst, erlaubt Dir das »Crossover«, das Übersetzen vorwärts, das Tempo während des Bogenlaufens zu halten oder sogar schneller zu werden. Crossover ist eine fortgeschrittenere und effizientere Kurventechnik, wie sie vor allem im »Speed-Skating« und beim Inline-Hockey angewandt wird, wo rasche Richtungswechsel wichtig sind. Als Rechtshänder werden Dir Linkskurven besser liegen und umgekehrt. Trotzdem solltest Du Links- wie Rechtsbögen gleichermaßen beherrschen, also trainier es ausreichend in beiden Richtungen.

4 Gleichzeitig mit dem Übersetzen des rechten Fußes kannst Du auch einen »Understroke« machen. Darunter versteht man eine der kraftvollsten Arten des Abstoßens beim Skaten und wohl die stärkste Form des Beschleunigens. Stoß Dich mit dem linken Skate unter dem Körper noch einmal kräftig vom Boden ab, entgegengesetzt zum normalen Schlittschuhschritt, also nicht nach hinten links, sondern nach hinten rechts.

Mit dem linken Fuß stößt Du Dich kräftig nach hinten-rechts ab (Understroke).

3 Jetzt kreuzt Du den rechten Fuß über den linken und setzt ihn kurz vor diesem mit der Innenkante der Rollen auf den Boden (»übersetzen«). In diesem Moment sind die Oberschenkel gekreuzt, und der linke (Innen-)Skate bestimmt, auf seiner Außenkante rollend, immer noch die Richtung. Eine tiefe Kniebeuge erleichtert das Übersetzen.

Fußstellung
Um beim Übersetzen die Skates nicht zu verheddern, achte darauf, daß die rechte Fußspitze in Kurvenrichtung weist.

Setz den rechten Skate mit der Innenkante auf den Boden.

Beug die Knie und leg Dich in die Kurve, dann geht die Sache wesentlich schneller.

Rechtskurve
Für Rechtskurven gelten die gleichen Anleitungen, nur daß jeweils rechts durch links und links durch rechts zu ersetzen ist.

Nimm diesen Fuß hoch und setz ihn wieder in dieselbe Position wie in Phase 1.

5 Nachdem Du den Übersetzungsschritt (mit oder ohne Understroke) beendet hast, verlagere das Gewicht auf den jetzt vornliegenden rechten Fuß. Jetzt hebst Du den linken Fuß an, ziehst ihn nach vorn und setzt ihn wieder in die Ausgangslage, mit der Außenkante der Rollen am Boden, vor den rechten Fuß, fertig zum nächsten Übersetzen.

Auf der Straße
Das Übersetzen vorwärts kann Dir helfen, Hindernisse auf der Straße zu umlaufen, ohne daß Du Dein Tempo verlangsamen mußt. Die tiefe Kniebeuge dieses Skaters und die Art, wie er die Oberschenkel voreinander kreuzt, erleichtern ihm das wirkungsvolle Übersetzen.

In der Linkskurve ist der linke Arm der innere und befindet sich hinter dem Körper.

Am Ende des Übersetzens sind die Außenseiten der Skateschuhe gegeneinander gerichtet.

Außenkanten der Rollen

Innenkanten der Rollen

Speedskater-Team
Um im Rennen nicht zurückzufallen, müssen die Speedskater ihre Bewegungen synchronisieren. Hier durchqueren vier Läufer eine Kurve, indem sie alle gleichzeitig vorwärts übersetzen.

In der Linkskurve ist der rechte Arm der äußere und weist in Kurvenrichtung.

2 Verlagere Dein Gewicht auf den (vorderen) Innenskate. Balanciere auf dem Innenfuß, während Du den äußeren anhebst, um ihn am Innenfuß vorbeizuziehen und über ihn hinwegzutreten. Denk dran, daß das rechte Knie gebeugt sein soll, um besser Gleichgewicht halten zu können.

Heb den Außenfuß hoch und setz ihn vor den Innenfuß.

Fußstellung
Der Name »Übersetzen« (»Crossover«) stammt von dem ersten Schritt bei dieser Kurventechnik, in der man den äußeren Fuß nach vorn nimmt, über den inneren Fuß hebt und vor diesen setzt.

Dieses Knie ist gebeugt.

Äußerer Arm

Schau in Richtung der Kurve.

Bergab-Kurve
Solange das Gefälle nicht zu stark ist, kannst Du bergabfahren, indem Du wie im Foto links in engen Serpentinen Crossover abwechselnd nach links und rechts fährst (siehe S. 30). Natürlich muß dafür genügend Platz vorhanden sein.

1 Vor der Linkskurve sind Deine Füße in Schreitstellung; der kurveninnere (Innen-)Skate, hier also der linke, ist vorn und berührt den Boden mit der Außenkante der Rollen. Der Außenskate ist hinten und läuft auf der Innenkante der Rollen. Neig Dich jetzt nach links, und der Innenskate beginnt, einen Bogen nach links zu beschreiben (siehe Parallelbogen S. 25). Öffne Dich zur Kurve hin, mit dem linken Arm nach hinten und dem rechten Arm nach vorn.

In der Linkskurve ist, wie hier dargestellt, der linke Skate der Innenskate.

In der Linkskurve ist der rechte Skate der Außenskate.

Innerer Arm

RÜCKWÄRTS LAUFEN/ ÜBERSETZEN

Halbe Drehung, »Transition«

Nachdem Du nun das Vorwärts-laufen beherrschst, willst Du es sicher auch rückwärts probieren. Anfänglich mag Dir die Bewegung nach rückwärts unangenehm und unnatürlich vorkommen, aber wenn Du den Bereich hinter Dir ständig im Auge behältst, wirst Du finden, daß es mit jedem Tag besser geht. Alle Grundregeln für das Vorwärtslaufen, also das Beugen der Knie und Fußgelenke und das Laufen mit dem Gewicht auf den Fußballen, gelten auch hier.

1 Um von vorwärts nach rückwärts zu drehen oder »umzu-springen«, stell Dich in Schreitstellung auf, in diesem Fall mit dem linken Arm und lin-ken Fuß voran (rech-ter Arm und Fuß nach hinten).

2 In der eben beschriebenen Haltung heb jetzt beide Fersen vom Boden ab, und Du wirst beginnen, Dich in Richtung des blauen Pfeils herumzudrehen.

Schreit-stellung

Übersetzen rückwärts

Vor dem Übersetzen rückwärts solltest Du das »Sculling« rückwärts üben, das heißt in diesem Fall, mit einem Fuß Wellenlinien nach Art der »Eieruhr« laufen (siehe auch S. 19 und 29), während Du auf dem anderen Skate geradeaus rollst. Erst wenn Du Dich bei dieser leichteren Übung mit dem linken wie dem rechten Fuß sicher fühlst, ist es Zeit, das Rückwärts-Übersetzen zu probieren. Da das Crossover hauptsächlich für Kurvenfahrt gebraucht wird, solltest Du über genügend Übungsplatz verfügen.

Dreh den Kopf, so daß Du an der Kurveninnenseite über die Schulter sehen kannst.

Du legst Dich mit gestrecktem Oberkörper in die Kurve.

Der kurvenäußere Arm muß die Balance halten.

Der kurven-innere ist der Führungsarm.

1 Diese Fotoreihe zeigt das Übersetzen in der Links-kurve. Beginne damit, daß Du auf dem Außenskate (hier dem rechten) rückwärts rollst. Die Füße sind in Schreitstellung (siehe S. 17). Halt die Knie gebeugt, den linken Arm nach seitlich-hinten ausgestreckt und das Gewicht auf beide Skates verteilt. Belaste die jeweils linke Kante der Rollen.

Kurven-äußeres Bein

Kurveninneres Bein

Heb diesen Fuß hoch.

Halt dieses Knie gebeugt.

Das Körper-gewicht liegt auf dem Innenfuß.

Innenkante

Außenkante

2 Verlagere das Gewicht auf den linken Fuß, den kurveninneren (Innen-) oder Stützfuß. Leg Dich in die Kurve. Laß das linke Knie ge-beugt und heb den rechten (Außen-)Fuß vom Boden ab.

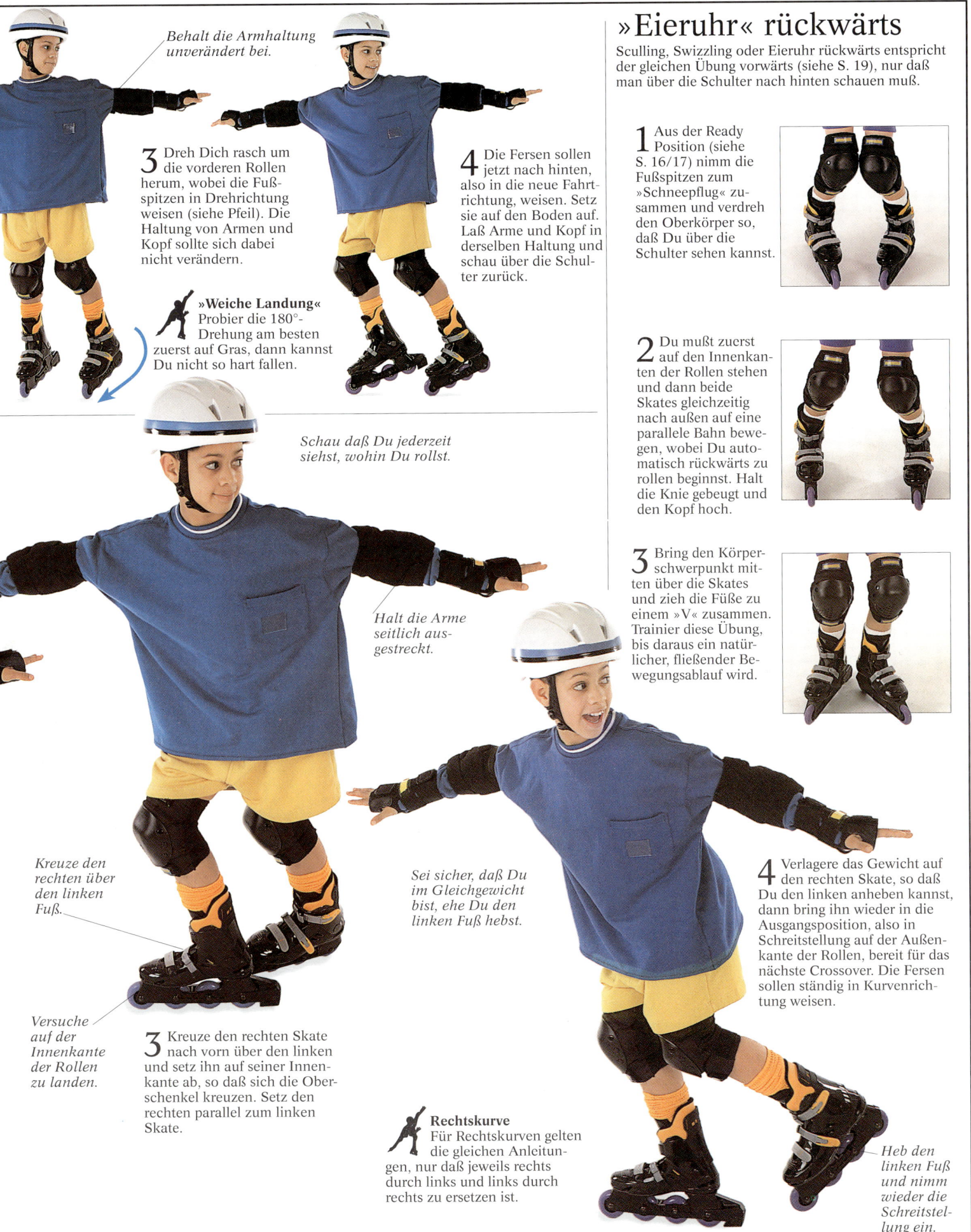

Behalt die Armhaltung unverändert bei.

3 Dreh Dich rasch um die vorderen Rollen herum, wobei die Fußspitzen in Drehrichtung weisen (siehe Pfeil). Die Haltung von Armen und Kopf sollte sich dabei nicht verändern.

4 Die Fersen sollen jetzt nach hinten, also in die neue Fahrtrichtung, weisen. Setz sie auf den Boden auf. Laß Arme und Kopf in derselben Haltung und schau über die Schulter zurück.

»Weiche Landung«
Probier die 180°-Drehung am besten zuerst auf Gras, dann kannst Du nicht so hart fallen.

»Eieruhr« rückwärts

Sculling, Swizzling oder Eieruhr rückwärts entspricht der gleichen Übung vorwärts (siehe S. 19), nur daß man über die Schulter nach hinten schauen muß.

1 Aus der Ready Position (siehe S. 16/17) nimm die Fußspitzen zum »Schneepflug« zusammen und verdreh den Oberkörper so, daß Du über die Schulter sehen kannst.

2 Du mußt zuerst auf den Innenkanten der Rollen stehen und dann beide Skates gleichzeitig nach außen auf eine parallele Bahn bewegen, wobei Du automatisch rückwärts zu rollen beginnst. Halt die Knie gebeugt und den Kopf hoch.

3 Bring den Körperschwerpunkt mitten über die Skates und zieh die Füße zu einem »V« zusammen. Trainier diese Übung, bis daraus ein natürlicher, fließender Bewegungsablauf wird.

Schau daß Du jederzeit siehst, wohin Du rollst.

Halt die Arme seitlich ausgestreckt.

Kreuze den rechten über den linken Fuß.

Versuche auf der Innenkante der Rollen zu landen.

3 Kreuze den rechten Skate nach vorn über den linken und setz ihn auf seiner Innenkante ab, so daß sich die Oberschenkel kreuzen. Setz den rechten parallel zum linken Skate.

Sei sicher, daß Du im Gleichgewicht bist, ehe Du den linken Fuß hebst.

Rechtskurve
Für Rechtskurven gelten die gleichen Anleitungen, nur daß jeweils rechts durch links und links durch rechts zu ersetzen ist.

4 Verlagere das Gewicht auf den rechten Skate, so daß Du den linken anheben kannst, dann bring ihn wieder in die Ausgangsposition, also in Schreitstellung auf der Außenkante der Rollen, bereit für das nächste Crossover. Die Fersen sollen ständig in Kurvenrichtung weisen.

Heb den linken Fuß und nimm wieder die Schreitstellung ein.

AN GEFÄLLEN UND HINDERNISSEN

Eine echte Herausforderung, vor der jeder Inline-Skater irgendwann einmal steht, sind plötzliche Hindernisse und unerwartete Bergabstrecken. Vielerlei Dinge können als Hindernisse und Risiken auftauchen, vom Zweig auf dem Weg bis zum heimtückischen Ölfleck. Zwar wäre es am sichersten, sie einfach zu umlaufen, doch das geht nicht in jedem Fall. Wenn sie also auftreten, versuch die neue Situation kurz zu überdenken und nichts zu tun, was über Deine Kräfte und Dein Können hinausgeht.

Im Gefälle

1 Ein abschüssiger Hang – das kann ein gewollter Nervenkitzel sein oder eine nicht eingeplante Angstpartie. Bevor Du überhaupt versuchst, eine Bergabfahrt auf Inlinern zu machen, solltest Du imstande sein, die Skates auch bei hohem Tempo zu kontrollieren und abzubremsen. Am Abhang angekommen, mußt Du rasch entscheiden, ob das Gefälle für Dein Können nicht zu steil ist.

2 Die beste Art und Weise, bergab zu fahren, ist eine Folge von Parallelbogen (siehe S. 25) abwechselnd nach links und rechts. Damit läufst Du Slalom, anstatt den Berg geradeaus hinabzuschießen.

3 Nimm die Arme zum Balancehalten hoch und bleib in Schreitstellung, die Knie leicht gebeugt und das Gewicht nach vorn verlagert. Dabei läufst Du je nach der Kurvenrichtung auf den beiden rechten oder den beiden linken Kanten der Rollen (immer mit dem Innenskate auf der Außen- und mit dem Außenskate auf der Innenkante).

»Rail grind«

Das Rutschen mit den querstehenden Skates auf einem Geländer entlang (rail grinding) gehört zum »Streetstyle« oder »Street-Skating« (siehe S. 34). Für derlei Kunststücke braucht man spezielle Streetstyle-Skates.

Fußstellung

Wenn Du eine Linkskurve fährst, muß der linke Fuß vorn sein. In dieser Phase solltest Du auf den beiden linken Kanten der Rollen stehen (links außen, rechts innen).

Slalom

Probier doch mal, auf einem Skate in Parallelbogen einen Slalom um eine Reihe aufgestellter Pylonen zu laufen. Das hilft Dir, den raschen Wechsel zwischen Innen- und Außenkante des rollenden Skates zu üben.

Hinterer oder Stützskate

Vorderer oder Lenkskate

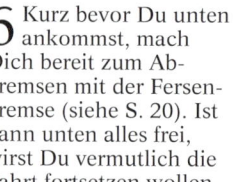

6 Kurz bevor Du unten ankommst, mach Dich bereit zum Abbremsen mit der Fersenbremse (siehe S. 20). Ist dann unten alles frei, wirst Du vermutlich die Fahrt fortsetzen wollen.

4 Jedesmal wenn Du von der einen zur andern Richtung wechselst, mußt Du den Innenfuß nach vorn nehmen, damit er Dich in die Kurve lenkt. Der hintere Skate unterstützt Dich während der ganzen Kurve, doch auf dem Innenfuß sollte der höhere Gewichtsanteil liegen.

Fußstellung

Wenn Du eine Rechtskurve fährst, muß der rechte Fuß vorn sein und Dich in die Kurve hineinlenken.

Im Zickzack
»Slalomlaufen« in Parallelschwüngen ist die sicherste Möglichkeit, einen Hang hinabzufahren, weil es Dir erlaubt, das Tempo selbst zu bestimmen.

5 Wenn Du zu schnell wirst, lauf den Bogen weiter aus und roll ein wenig bergauf, dadurch wirst Du gleich langsamer.

Den Bordstein hinauf

Draußen in der Praxis wird Dir immer wieder einmal eine Bordsteinkante in den Weg kommen, die Du hinauf oder hinunter mußt. Wenn Du den Dreh erst raushast, ist es ganz einfach, einen Bordstein hochzukommen.

1 Den Bordstein hinaufzusteigen ist wie normales Gehen: Roll auf den Kantstein zu und beginne, das Gewicht auf den einen Fuß zu verlagern, um dann den andern hochzuheben.

Belaste diesen Skate.

Tritt mit diesem Skate auf den Gehweg.

2 Bist Du mit dem vorderen Skate, auf den Du das Gewicht verlagert hast, am Bordstein angekommen, heb den hinteren hoch und tritt auf den Gehweg. Gleite dort auf beiden Skates mit dem Körpergewicht nach vorn verschoben weiter.

Dein Gewicht ist nach vorn verlagert.

Seitlich hinaufsteigen

Etwas einfacher ist es, von der Seite her hinaufzusteigen, denn das kannst Du mit einem kleineren Schritt tun.

1 Roll auf den Bordstein zu, die Füße in Schreitstellung, den bordsteinseitigen (Innen-)Fuß vorn. Belaste jetzt den Außenfuß, heb den Innenfuß hoch und setz ihn auf den Gehweg.

Dieser Fuß soll belastet sein.

Innenfuß

Balanceakt
Zum Gleichgewichthalten nimm die Arme vor den Körper und schau auf den Bordstein, um sicher zu sein, daß Dein Schritt groß genug ist.

2 Belaste nun den oberen Fuß, beug die Knie und zieh den unteren Fuß herauf. Setz ihn in Schreitstellung auf den Gehweg und lauf weiter auf beiden Skates.

Arme vor dem Körper halten die Balance.

Den Bordstein hinunter

Am leichtesten ist es, am Bordstein anzuhalten und einen Schritt hinunter zu steigen, doch wenn Du Dein Tempo beibehalten willst, kannst Du auch von der Bordsteinkante parallel abspringen.

Oberkörper aufrichten.

Beug Knie- und Fußgelenke nach vorn.

Arme vor den Körper halten.

1 Roll auf die Bordsteinkante in Schreitstellung zu; der Skate mit der Fersenbremse ist hinten. Belaste die mittleren Rollen der Skates.

2 Gleite einfach vom Gehweg herunter, aber spring nicht. Laß die Körperhaltung unverändert und beuge Knie- und Fußgelenke nach vorn, um den Stoß beim Aufsetzen abzufangen.

Ast im Weg

Am besten meidest Du Zweige, Stöcke, Äste oder Schotterwege, um nicht zu stürzen. Wenn Du denn schon unbedingt hindurch mußt, mach kleine Schritte und heb die Skates hoch genug über die Hindernisse weg.

Heb die Füße hoch, damit sich die Zweige nicht in den Rollen verfangen.

SPRÜNGE

Wenn Du die Grundübungen des Inline-Skatings so weit beherrschst, daß Du Dich sicher fühlst, wirst Du vermutlich auch kompliziertere Dinge ausprobieren wollen. Sprünge sind die dominierende Bewegung in einer Sportart, die man als »Stunt-Skating« oder »Extreme-Skating« bezeichnet (siehe S. 34). In diese Kategorie gehören das Treppenlaufen auf Skates ebenso wie Geländer hinunterzurutschen (rail grind) oder Sprünge in Halfpipes und von Rampen aus. Es auszuführen und zuzuschauen ist gleichermaßen aufregend, doch die ganze Sache ist überaus schwierig und gefährlich, und Du solltest die Risiken des Extrem-Skatings nicht unterschätzen. Versuche jeden der hier gezeigten Sprünge in Einzelphasen zu unterteilen, die Du dann jede für sich üben kannst.

In schwindelnder Höhe
Für einen erfahrenen Skater gibt es fast nichts Verlockenderes, als seine Sprünge von hohen Rampen und Quarterpipes zu machen. Dieses Foto wurde beim Straßen-Finale der Weltmeisterschaften in der Schweiz aufgenommen und zeigt mich bei einem hohen Luftsprung von einer großen Rampe.

Sprung von einer Rampe oder Sprungschanze

Du brauchst viel Erfahrung, Zutrauen und Nerven, um diesen Sprung zu probieren. Am besten bittest Du beim erstenmal zwei Freunde, Dir zu helfen. Sie können mit Dir skaten und Dich in die Mitte nehmen, Dich leicht an den Händen führen und beim Absprung unterstützen. Das hilft Dir, das erforderliche Selbstvertrauen aufzubauen, um es auch allein zu versuchen. Für Sprünge aller Art ist die komplette Schutzausrüstung eine Selbstverständlichkeit.

1 Mach einen Kreidestrich drei Meter vor der Absprungkante. Beim Anlauf zur Rampe mach zuerst möglichst viel Speed; ab dem Kreidestrich beginnst Du dann zu gleiten.

Halt zur besseren Balance die Arme nach vorn.

Der Körper sollte beim Erreichen der Rampe in einer leicht angehockten Ready Position sein.

Nimm die Arme hoch, um Dir mehr Wucht beim Absprung in die Luft zu geben.

Kann sein, Du willst im Flug mit den Händen nach den Schuhen greifen, das nennt sich dann »Grab«.

Beginne die Knie hoch an die Brust zu ziehen.

2 Unmittelbar bevor Du die Absprungkante erreichst, versuch Dir noch einen kräftigen Schwung zu geben, um mehr Höhe zu gewinnen. In dieser Phase soll Dein Blick nach vorn, etwa auf den späteren Landepunkt, gerichtet sein.

Vor allen Arten von Sprüngen muß die Fersenbremse demontiert werden, damit sie sich nicht an Rampen etc. verfangen kann.

3 Während Du Dich hoch in die Luft tragen läßt, zieh die Knie an die Brust; diese angehockte Haltung gibt Dir bessere Kontrolle über den Körper. Behalt den Blick nach vorn gerichtet und konzentriere Dich darauf, daß Dein ganzer Körper, nicht nur die Skates, über die Rampe fliegen soll.

Sprungschanze
Mach diese Sprünge nur an einer regulären Skate-Rampe, auch »Launch ramp« genannt. Bau Dir auf keinen Fall eine solche Sprungschanze selbst: Unfallgefahr!

Sprünge lernen

Körperhaltung, Gewichtsverlagerung und Tempo sind die wichtigsten Dinge beim Springen. Beginnen solltest Du anfangs mit kleinen Sprüngen, ehe Du Größeres anpeilst. Spring zuerst aus dem Stand hoch und versuch es dann mit einem kurzen Anlauf.

Nimm die Arme nach hinten, um damit Schwung für einen Luftsprung zu holen.

1 Lehn Dich in den Hüften nach vorn und geh weit in die Kniebeuge. Nimm die Hände nach hinten.

Stell Dich mit den Füßen in Schreitstellung.

2 Den Körper gerade haltend, mach einen Luftsprung aus dem Stand. Schwing die Arme dabei nach vorwärts. Sie müssen auch die Balance halten.

Stoß Dich beim Luftsprung mit den Fußspitzen ab.

Denk dran: Kopf hoch halten.

3 Geh beim Landen in die Kniebeuge und setz die Füße in schreitstellung auf.

Beginne jetzt die Knie aus der angehockten Haltung wieder zu strecken.

Beginne die Füße in Schreitstellung zu bringen.

4 Am höchsten Punkt des Sprungs beginnt der »Abstieg«. Beginne die Beine aus der Hockstellung wieder leicht zu strecken und die Schreitstellung einzunehmen.

Harte Landungen
Je höher Du springst, um so härter wird die Landung. Achte also darauf, daß Du immer in der Kniebeuge aufsetzt, um Dich vor Verletzungen zu schützen.

Schau auf den Landepunkt, nicht auf die Skates.

5 Streck die Beine weiter und nimm Dein stärkeres (hier: das rechte) Bein nach hinten, denn das soll Dich in der Balance halten und den Aufsprung unterstützen. Versuch die ersten Male auf dem rechten Fuß und dann auch einmal auf dem linken aufzusetzen, um herauszufinden, wie Du am sichersten und bequemsten landest.

6 Bei der Landung versuch tief in die Kniebeuge zu gehen, um den Stoß beim Aufsetzen auf den Boden abzufedern. Halt die Füße in der Schreitstellung und die Arme vor dem Körper, während Du jetzt vorwärts rollst. Ehe Du weiterläufst, sei sicher, daß Du voll im Gleichgewicht bist.

Dein stärkeres Bein muß hinten sein.

Halt die Knie gebeugt.

33

WETTKÄMPFE AUF SKATES

Mit Inline-Skates läßt sich noch eine Menge mehr anfangen als das bloße Herumlaufen auf Straßen und Plätzen. Das Beherrschen der Grundtechniken und das Gefühl von Sicherheit und Selbstvertrauen sind die Grundlagen, um auch noch andere Aspekte des Inline-Skatings auszuprobieren und kennenzulernen. Dazu wäre es nicht schlecht, einem Klub beizutreten, der sich auf eine bestimmte Skating-Sportart mit ihren speziellen Wettbewerben konzentriert, weil es dort erfahrene Trainer gibt und weil man sich mit anderen messen und neue Freunde gewinnen kann. Doch gleichgültig welche Sparte des Skatings Du wählst, es wird dafür sorgen, daß Du lange Zeit fit, gesund und aktiv bleibst.

Ski-Trockenübung

Inline-Skating ist dem Skilaufen nahe verwandt. Daher stellt es eine ideale Möglichkeit für das Skitraining in den Sommermonaten dar, wenn es keinen Schnee gibt. Das Foto zeigt einen Inline-Skater in Abfahrtslauf-Haltung. Ehe Du so etwas probierst, mußt Du mit schneller Bergabfahrt auf Inlinern vertraut sein.

Inline-Racing

Veranstaltungen wie auf dem Foto oben finden gewöhnlich im Frühjahr und Sommer statt. Beliebt sind Rennen über zehn Kilometer. Die auf dem unteren Foto erkennbare Körperhaltung der Speed-Skater erfordert lange Praxis, und es lohnt sich, einem Verein beizutreten, um von einem erfahrenen Coach trainiert zu werden. Außer technischen Anleitungen wirst Du Tips bekommen, wo Du beim Start zu einem Rennen mit großem Teilnehmerfeld am besten stehst und wo Du mit dem Endspurt beginnen solltest.

Extreme-Skating, Streetstyle

Tricks und Stunts, wie etwa das Springen von Rampen (oben) oder das Vor- und Rückwärtslaufen auf Treppen zählen zum Extreme-Skating, einer aufregenden, aber auch gefährlichen Beschäftigung. Außer vollständiger Schutzausrüstung braucht man dazu spezielle Stunt-Skates mit Grind-Plates und Power-Straps.

Speed-Skating

Schnelläufer auf Inlinern nehmen eine nach vorn geneigte Haltung ein, bei der die Knie fast rechtwinklig gebeugt sind. Sie lassen ihre Arme in weitem Bogen von einer Seite zur anderen schwingen (Foto links), oder sie halten sie auf dem Rücken. Wegen des hohen erreichten Lauftempos müssen Speed-Skater Helme und Handgelenkschützer tragen, benutzen aber keine Knie- und Ellbogenschützer, weil diese sie behindern würden.

Rail-Grinding

Um Geländer auf Inlinern hinunterrutschen zu können, braucht man Skates mit »Grind-Plates«, die den Rahmen des Skates schützen sollen.

Sprünge

»Jumps« kann man überall dort machen, wo genügend freier Anlauf- und Landeplatz vorhanden sind. Paß auf, daß der Sprung für Dein Können nicht zu hoch ist.

Inline-Hockey

Die Wurzeln dieser Sportart liegen beim traditionellen Eishockey. Unsere heutigen Inliner wurden von Eishockeyspielern entwickelt, die nach einer Möglichkeit suchten, auch in den Sommermonaten zu spielen. Inzwischen ist Inline-Hockey zur selbständigen Sportart herangereift, und die Spieler zählen zu den geschicktesten unter den Inline-Skatern. Wie das Eishockey wird auch Inline-Hockey mit Puck und Holzschlägern gespielt, und Sieger wird die Mannschaft, die den Puck am häufigsten ins gegnerische Tor bringt. Im Gegensatz zum Eishockey kann Inline-Hockey aber auf praktisch jeder großen, ebenen Fläche gespielt werden, und zwar mit fünf statt der sechs Spieler beim Eishockey. Weil das Spiel viel schneller und ermüdender ist, werden nur zwei 15-Minuten-Halbzeiten gespielt. Die meisten Vereine haben auch Kinder- oder Juniorenmannschaften und entsprechende Wettbewerbe. Hier sollte stets die komplette Schutzausrüstung getragen werden und nach Möglichkeit Skates, die speziell für Inline-Hockey konstruiert wurden.

GLOSSAR

Nachstehend zum leichteren Verständnis eine Erklärung häufig vorkommender, oft aus dem Englischen übernommener Fachausdrücke der Inline-Skater.

A

A-Haltung Grundstellung für einfache Kurvenlauftechnik bei weit gegrätschten Beinen (Körper bildet ein »A«)

Außenkanten der Rollen Am linken Skate die linke, am rechten die rechte Kante der Rollen

Außenskate, Außenfuß Kurvenlauf: der kurvenäußere Fuß oder Skate

B

Bremse, Fersenbremse Gummiklotz zum Abbremsen, am Fersenteil eines der beiden Skates (meist des rechten) montiert

C

Crossover Übersetzen (vorwärts oder rückwärts), Kurventechnik für Fortgeschrittene, meistens bei höherem Tempo angewandt; der kurvenäußere Skate wird am Innenskate vorbei und vor diesen gesetzt

D

Duck-Walk Entengang, Übung für Anfänger, Gehen mit weit auseinander gesetzten Fußspitzen

Durometer Härtezahl für den Rollenwerkstoff (weichster: 74A, härtester: 93A)

E

Eieruhr, Sculling/Swizzling Eine Skatingtechnik, bei der die Skates ständig am Boden sind und bei der durch Öffnen und Schließen der Beine spiegelbildliche Wellenlinien in Form einer »Acht« oder Eieruhr gefahren werden

Ellbogen-, Knie- und Gelenkschützer Schutzbandagen für Ellbogen, Knie und Handgelenke mit Schaumstoffpolstern und harten, beim Sturz schützenden Kunststoffschalen, am Handgelenk mit fester Kunststoffschiene an der Innenseite

Extreme-Skating Oberbegriff für besonders kühne und gefährliche Aktionen auf Inline-Skates, schließt Streetstyle und Stunt-Skating ein

F

Fersenbremse siehe Bremse

Frame Rahmen (siehe Rahmen, Chassis)

G

Gelenkschützer siehe Ellbogenschützer

Gleiten siehe Rollen

Grab Greifen, im Flug nach dem Fuß oder Skate fassen (erschwerendes Element bei Sprüngen)

Grind Schleifen, Rutschen auf dem Skaterahmen (Skates quer zur Laufrichtung), z. B. ein Treppengeländer hinunter

Grind-Plate Längliche Platte, wird zusätzlich am Skaterahmen montiert, um beim Grind das Gleiten zu erleichtern und den Rahmen zu schützen

H

Halfpipe halbe Röhre, zwei Viertelröhren, die zu einer Halbröhre zusammengestellt werden

Helm Wichtigstes Stück der Schutzausrüstung, harte Kunststoffschale mit Innenpolsterung

I

Inbusschlüssel Innensechskantschlüssel zum Lösen bzw. Festziehen der Achsbolzen für die kugelgelagerten Rollen

Inline-Racing, Speed-Skating Sportart auf Inline-Skates, dem Eisschnellauf vergleichbar, bei der es auf höchstes Tempo ankommt

Innenkanten der Rollen Am rechten Skate die linke, am linken die rechte Kante der Rollen

Innenskate, Innenfuß Kurvenlauf: der kurveninnere Fuß oder Skate

K

Knieschützer siehe Ellbogenschützer

Kugellager Allgemein für die Lagerung der Rollen im Rahmen verwendetes Bauelement (7 Kugeln, dauergeschmiert, seitlich abgedichtet)

L

Launch Ramp siehe Rampe

P

Pad Schützer (siehe Ellbogenschützer)

Parallelbogen Kurventechnik ohne Beschleunigung, auf den kurveninneren Rollenkanten gelaufen, auch bergab angewandt

Power-Strap Riemen zur zusätzlichen Sicherung des Skates am Fuß bei hoher Belastung

Q

Quarterpipe Viertelröhre, siehe Halfpipe

R

Rahmen, Chassis Unter dem Schuh montiertes Fahrwerk des Skates, in dem die Rollen aufgehängt sind

Rail-Grinding Treppengeländer hinunterrutschen (siehe auch Grind)

Rampe, (Sprung-)Schanze Hölzernes oder metallenes, starres Sprungbrett (zwischen 3 und 120 cm hoch) für kleinere und größere Luftsprünge auf Skates

Ready Position (Startbereit-Stellung) Grundhaltung mit leicht gebeugten Knien

Rollen, Gleiten Laufen in der Ebene oder auf leichtem Gefälle ohne Abheben der Skates und ohne Beschleunigung

S

Schanze siehe Rampe

Schneepflug (vom Skilaufen entlehnt) Fersen weit auseinander, Fußspitzen zusammen, z. B. bei der »Eieruhr« angewandt

Schutzausrüstung Helm, Ellbogen-, Gelenk- und Knieschützer, die den Skater vor Verletzungen schützen sollen (siehe Helm und Ellbogenschützer)

Sculling siehe Eieruhr

Slalomlaufen Umlaufen von eigens für den Slalom aufgestellten Hindernissen, zumeist auf einer Gefällstrecke

Speed-Skating siehe Inline-Racing

Spin-Stopp Bremstechnik mit halber Drehung; die Skates rollen Ferse an Ferse

Streetstyle Ausnutzen der baulichen Gegebenheiten (Gehwege, Treppen, Geländer usw.) in der Innenstadt, um diese in eine Art Sportstätte zu verwandeln (siehe Extreme-Skating)

Stunt, Stunt-skating Kühne Sprünge und artistische Einlagen auf eigens dafür gebauten Anlagen (Quarter-, Halfpipes usw., siehe diese und Extreme-Skating)

Swizzling siehe Eieruhr

T

T-Stopp Bremstechnik, bei welcher hinter dem geradeaus rollenden Lenkfuß der andere Fuß (in T-Form) quergestellt wird

U

Übersetzen vor- und rückwärts siehe Crossover

Understroke Kraftvolles Abstoßen beim Übersetzen vorwärts, entgegen der beim normalen Vorwärtslauf üblichen Abstoßrichtung

REGISTER

NÜTZLICHE ADRESSEN

Hier folgen einige Adressen, die Dir von Nutzen sein können, wenn Du spezielle Informationen zum Inline-Sport benötigst:

Weltverband
Fédération Internationale de Roller Skating (F.I.R.S.)
80, Rambla Catalunya, Pisco 1
E – 08008 Barcelona
Tel.: 0034/3/4875348
Fax: 0034/3/4876916

Europäischer Verband
Confédération Européenne de Roller Skating (C.E.R.S.)
Viale Tiziano, 70
I – 00196 Rom
Tel.: 0039/6/36858351
Fax: 0039/6/36858211

Deutschland
Deutscher Rollsport-Bund e.V.
Gaugrafenstr. 36
60489 Frankfurt/Main
Tel.: 0049/69/7893474
Fax: 0049/69/7893664

Frankreich
Fédération Francaise de Roller Skating
BP 29
F – 33401 Talence Cedex
Tel.: 0033/56/841097
Fax: 0033/56/840772

Italien
Federazione Italiana Hockey e Pattinaggio
Viale Tiziano, 70
I – 00196 Rom
Tel.: 0039/6/36858176
Fax: 0039/6/36858211

Österreich
Österreichischer Rollsportverband
Kundmanngasse 23/3
A – 1030 Wien
Tel.: 0043/1/7140203
Fax: 0043/1/7140204

Schweiz
Swiss Federation of Roller Skating and Speed
August-Müller-Str. 7
CH – 8134 Adliswil
Tel.: 0041/1/2064550
Fax: 0041/1/2064545

Kelly   Simeon   Peter   James   Barry Lee

Danksagung
Der Verlag Dorling Kindersley möchte sich bei allen denen bedanken, die bei der Herstellung dieses Buches mitgewirkt haben:

Besonderer Dank gilt Dawn Irwin, Trainerin der IISA, für ihre fachliche Beratung bei den Foto-aufnahmen und für ihre technischen Beiträge zu diesem Buch; ferner allen jungen Inline-Skatern für ihre Begeisterung und ihre Geschicklichkeit bei den Aufnahmen; Sarah McClurey für ihre technischen Ratschläge bei den Gymnastik-Aufnahmen der Seiten 14/15 und ihre ständige Hilfe bei dieser Buchreihe; Aldie Chalmers und Lesley Kendrick für ihre begeisterte Hilfe und Unterstützung während der Arbeit an diesem Buch. Ebenso danken wir Tom Chant bei Fagans, der britischen Vertretung für Bauer Inline-Skates und Cooper Hockeyausrüstungen; Ray Moller und

Tim Kelly für ihre Geduld bei den Fotoaufnahmen; Jacques Ouwerx von BISA für seine Beratung und dem Sportzentrum The Queen Mother Sport Centre für seine Gastfreundschaft.

Fotonachweis
(O=oben, U=unten, M=Mitte, L=links, R=rechts)

Action Plus Photographic/Steve Bardens: 34UR;
Davis Barber: 35 OL;
Sandy Chalmers/Inline Skatermag, Oxon: 21 UR, 21 MRU;
Tony Donaldson: 8 ML, 8 UR, 26 UR;
Mary Evans Picture Library: 9 OL, 9 ML, 9 M, 9 U;
The Image Bank: 18 ML, 19 MR;

Marc Romanelli: 34 O, 34 UL;
Thorsten Indra: 8 OL, 8 UL, 30 UL, 34 MR, 34 MU;
Mountain Stock Photography and Film, Inc/
Chaco Mohler: 27 UL;
Nagel: 25 UR;
Anne Marie Weber: 27 OR;
Michael Reusse: 8 MR, 30 ML;
Rollerblade® Inc: 9 MR, 9 UR;
Featuring Geo Rollerblade® Team/
Michael Voorhees: 34 ML;
Umschlag: Paul Rickleton: Rücken UL;
Thorsten Indra: Front OL und Klappe hinten U;
Inneneinband: Mountain Stock Photography/
Leighton White.